99%の小学生は
気づいていない!?

チームワークのヒケツ

北川達夫

Z-KAI

「99%の小学生は気づいていない！？」シリーズ発刊にあたって

未来を想像してみましょう。
遠い未来ではなく、10年後。
あなたは何歳になっていますか？　何をしていますか？
ずっと先のことで、みんな、まだまだ想像がつかない
かもしれません。
でも、0歳だったあなたが今のあなたになるまでと
同じくらいの時間。
その時間の中で、遊んで、学んで、考えて……。
いろいろな人に出会い、いろいろなことを経験していく。
今の、その一つ一つがあなたをつくりあげていく。
今の、その一つ一つがあなたを大きくしていく。

あなたの中にある力をどんどん伸ばしていけるように、
学校で学んだことをさらに一歩進めて考えていけるように、
今、伝えておきたい大切なことをぎゅっとまとめました。

未来を自信をもって生きていくために。
未来の世界を明るくしていくために。
この本が、あなたも想像していなかったような未来に
つながります！

はじめに

「チームワークは大切だ」と、よく言われます。みなさんも、学校の活動やスポーツで、チームワークの大切さを感じたことがあるでしょう。

どうすれば、チームワークがよくなるのでしょう？

みなさんが、この本で学ぶのは、宇宙飛行士のチームワークの方法です。国際宇宙ステーション（ISS）では、世界中の宇宙飛行士が協力しながら働いています。もし宇宙でチームワークがうまくいかなかったら、大変なことになってしまいますよね。そのため、宇宙飛行士はチームワークを発揮するための「秘伝」（「行動マーカー」といいます）を持っているのです。

宇宙飛行士の「秘伝」なんてむずかしそう――そう思うかもしれません。宇宙飛行士といえば、まるでスーパーマンみたいな人たちですからね。

でも、この本では、リツ・ナミ・ユウ・ミコの小学生４人組が、「秘伝」を学んで、困りごとを解決します。学年もちがう、性格もちがう４人が、それぞれの長所・

短所、得意・不得意を活かし、失敗や衝突をくり返しながら、チームワークの極意を身につけていくのです。

～この本の使い方～

まずは物語を楽しみながら、全体を通して読みましょう。「ふりかえりノート」や「ユウと考えよう」のコーナーは、最初は飛ばしてかまいません（「ララの観察日記」、「陽だまりのテラスで」、「こぼればなし」は読んでね）。物語に６つの「秘伝」が登場しますが、実は秘伝はそれだけではありません。細かい秘伝が物語のあちこちにちりばめられています。まず１回通して読み、次に読むときに「どこが秘伝かな」と考えながら読むとよいでしょう。みなさんも、リツ・ナミ・ユウ・ミコの４人と、チームワークの秘伝を学び、極意を身につけましょう。

2023年３月　　　　北川 達夫

もくじ

ユウとじいちゃん

「じいちゃん、いる？」

「ああ、いるよ」

４年生のユウは学校から帰ると、まっさきにじいちゃんのところに行きます。じいちゃんは、いつものように、庭先のテラスでロッキングチェアを、ゆっくりとゆらしています。ひざの上では、ネコのララがうつらうつらしていました。ララは16歳。人間でいうと、じいちゃんと同じ80歳くらいだそうです。

「ということは、じいちゃんは、ネコでいうと16歳だね！」

「ネコでいうと16歳か。それはいいな！」

ユウは、テラスのいすにこしかけて、学校であったことを話しました。じいちゃんは、ロッキングチェアをゆらしながら聞いています。ララは目を

つぶったまま、耳だけを動かします。

「じいちゃん、あのね。今日、フットサルの試合で負けちゃったんだ」

「ほうほう、それは残念だったね。まあ、負けることだってあるさ」

「うん、つぎ、がんばる」

「そうそう、その調子だ」

　いつも、こんな感じ。ユウは、じいちゃんと話すのが大好きです。

　ある雨の日のことです。

「前から思っていたんだけど――」

　ユウがちょっとまよったように、じいちゃんに言いました。ネコのララが目を開けて、ユウのことを見つめました。

「あそこにはなんて書いてあるの？」

　じいちゃんはふりかえり、壁にかかった額を見て、答えました。

「ああ、**『初伝　なにごとも　まずは自分と　こころえよ』**と書いてあるんだよ」

「しょでん？」

「最初の教えということだ。なにごとも――つまり、どんなことでも、特に、イヤなことがあったり、失敗したりしたときは、まずは自分に理由があるんじゃないか、と考えるようにしなさい、ということだよ」

「え？　なんでも自分のせいってこと？」

「なんでもではないけれど、基本的にはそういうことだね」

「でもさ、今日はイヤな雨の日だけれど、それは絶対にぼくのせいじゃないよ！」

「たしかに雨が降るのは、だれのせいでもない。もちろんユウのせいではない。**しかし、その雨をイヤなものにしたのはだれかな？**」

「あ！」

「雨の日をどう思おうと、個人の自由だ。でも、**自分の考え方ひとつ**で、イヤな一日にも、すばらしい一日にもなるんだよ」

「うーん……」

「むずかしいかな。でも、ユウもついに——」

「ついに？」

「まあ、いい。ここからすべてが始まる」

　じいちゃんが遠くを見ながら言うと、ララが大きくあくびをしました。

第1章

チームワークは「まずは自分」

1 ユウ

今日はフットサルの試合です。「パスを回していこう！」「チームワークだ！」と、ユウたちは口々に言いながらプレーを始めました。

試合は最悪でした。チャンスだ！　というたびに、タカシにボールがわたるのですが、ぜんぜんパスを回さない。一人でつっこんで、ボールをとられたり、ゴールをはずしたり。チャンスはたくさんあったのですが、結局、相手が１点を守り切って、ユウたちの負け。おしい！　というより、くやしい試合でした。

「あーあ、だれかさんのせいで負けちゃった」

だれかが聞こえよがしに言いましたが、タカシはすずしい顔をして行ってしまいました。

「まったく、タカシには腹が立つなあ。ちょっとうまいからって、勝手なことばかりして」

「そうそう、タカシのせいでチームワークがガタガタだよ」

ユウたちは、タカシのいないところでグチをこぼしました。

その日、ユウはじいちゃんのところに行き、口をとがらせて言いました。

「また負けちゃった。でも、負けたのはタカシのせいなんだ！　タカシが勝手なことばかりするから……」

その時です。ララが急に目を開けて、ユウをにらみつけました。じいちゃんはララの背中をなでながら目を閉じて言いました。

「**初伝『なにごとも　まずは自分と　こころえよ』**。忘れちゃったのかい？」

「ううん、忘れてないよ。でも、今日の負けはぼくのせいじゃない。タカシのせいだよ」

じいちゃんは「うーん」とうなって、しばらく考えてから、静かに言いました。

「**別伝　他人より　まずは自分を　よく見るべし**　わたしのおかげ？　あなたのせい？」

「え、じいちゃん、どういうこと？」

ユウが聞くと、じいちゃんは遠くをながめながら言いました。

「これは別伝といって、初伝を、わかりやすく言いかえたものだ。人間って、おかしなものでね。**うまくいくとなんでも自分の手がら**だと思うし、**うまくいかないとなんでも他人のせい**だと思ってしまう。でも、本当にそうかな？」

　ユウは考えこみました。負けたのはタカシのせいじゃない？　あ、そういえば――。

（最近、タカシと話してないな。なんでそうなったんだっけ？）

　タカシはスポーツクラブでサッカーをやっていて、フットサルも上手です。ただ、無口で、無表情で、ちょっとこわそうな感じもするので、ユウもそうですが、チームのみんなはタカシのことが苦手でした。

「タカシとプレーしていると、『へたっぴ』って思われているような気がするんだよね」

「タカシにとって大事なのはサッカーで、フットサルなんてどうでもいいんだよ、きっと」

（うーん、**みんな**ひどいことを言ってたなあ。なんの根拠もないのに）と思ったところで、ユウは首をふりました。「**みんな**」じゃなくて、「**まずは自分**」――自分だって同じように思っていたのです。ひどいのは自分ではありませんか！

考えてみれば、試合の前後に、みんながタカシと話すことはありません。今日だって、試合の前に「パスを回していこう！」「チームワークだ！」と言い合っていたとき、そこにタカシはいませんでした。そして、試合の後、タカシのいないところで、「タカシのせいだ」とグチを言い合っていたのです。

（タカシだって、さびしいよね。それに、タカシがいるんだから、本当は強いチームになれるはずなんだ。**だれか**、タカシとちゃんと話して……）

と思ったところで、ユウはまた首をふりました。

「**だれか**」じゃなくて、「**まずは自分**」。

　よし、明日だ！　――ユウは心を決めました。

「じいちゃん、わかったよ！」

　ユウが夢中で話すのを、じいちゃんはニコニコしながら聞いていました。ララはじいちゃんのひざの上で幸せそうに眠っています。ユウが話し終えると、じいちゃんは言いました。

「新しいノートはあるかな。ちょっと持ってきてくれるかい？」

　ユウが新しいノートを持ってくると、じいちゃんは言いました。

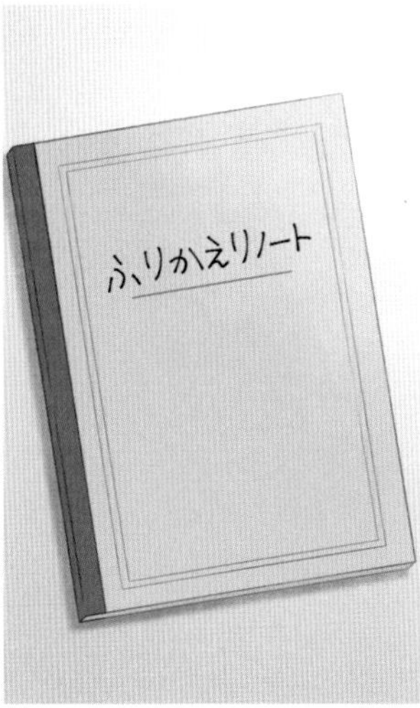

「表紙に『ふりかえりノート』と書いたら、ノートを開いてくれるかな？」

「ふりかえりノートには、自分がしたことや思ったことを思い出して、これからは『こうしよう』『こう考えることにしよう』ということを書くんだよ」

「こんな感じかな」

「そうそう、たくさんふりかえることができたね」

自分がしたこと、自分が思ったことを書く。

これからはこうしよう、これからはこう考えることにしよう、ということを書く。

今日のふりかえり

これまで／あのとき	これから
タカシと話していなかった。	タカシにどんどん話しかけよう。
タカシを仲間外れにしていたかも。	タカシを仲間にしよう。
タカシのせいで負けたと思っていた。	自分のせいで負けた部分もあるかも、と思うことにしよう。
けっこういいチームだと思っていた。	タカシも仲間にして、もっといいチームにしよう。

「初伝とか別伝は、どこに書けばいいの？」

「そうだな。〈今日のふりかえり〉の下に、〈今日の教訓〉を書こうか」

タカシを仲間外れにしていたかも。	タカシを仲間にしよう。
タカシのせいで負けたと思っていた。	自分のせいで負けた部分もあるかも、と思うことにしよう。
けっこういいチームだと思っていた。	タカシも仲間にして、もっといいチームにしよう。

今日の教訓

教えとなる言葉を書く。
ふりかえりのきっかけになったり、
なにかに気づかせてくれるようなこと。

「教訓ってなに？」

「うーん、ひとことで説明するのはむずかしいな。ふりかえりのきっかけになるような、気づかせてくれるような、教えとなる言葉のことなんだが」

「うーん、なんとなくわかった」

「自分で教訓を思いついたら、それを書いてもいいんだよ」

ユウのふりかえりノート

今日(きょう)のふりかえり

これまで／あのとき	これから
タカシと話(はな)していなかった。	タカシにどんどん話(はな)しかけよう。
タカシを仲間外(なかまはず)れにしていたかも。	タカシを仲間(なかま)にしよう。
タカシのせいで負(ま)けたと思(おも)っていた。	自分(じぶん)のせいで負(ま)けた部分(ぶぶん)もあるかも、と思(おも)うことにしよう。
けっこういいチームだと思(おも)っていた。	タカシも仲間(なかま)にして、もっといいチームにしよう。

今日(きょう)の教訓(きょうくん)

なにごとも　まずは自分(じぶん)と　こころえよ

他人(たにん)より　まずは自分(じぶん)を　よく見(み)るべし

わたしのおかげ？　あなたのせい？

これって、けっこうきびしい考(かんが)え方(かた)だよね。

ユウと考えよう 1

壱 ユウのチームが、あまり強くなかったのはなぜかな？

タカシのせいじゃないことはわかった。

「まずは自分」と考える。絶対に「他人のせい」にはしないことだ。自分以外の理由は、「なんのせい」と考えるといいよ。

たとえば、「チームワークが悪かったせい」とか？

そうそう。では、チームワークが悪かったのは、なんのせいかな？

弐 明日、ユウはなにをするつもりだと思う？

何度も「まずは自分」と考えるたびに、だんだんわかってきた。

タカシ君のことをなんとかしたほうがいいね。で、どうする？

参 ララからのメッセージ

あなたも、失敗を他人のせいにしたり、成功を自分の手がらにしたりしたことはないかな？　あったら、自分のふりかえりノートに書いてみよう。

→壱弐の答えの例は139ページ

ララの観察日記 1

「ユウ、決めろ！」

　タカシがユウにパスを回しました。ユウは力をこめてボールをゴールにけりこみました。

「やった！」

　試合は、1対0でユウのチームの勝ち。ユウはうれしそうです。自分の1点で勝ったのだから当然でしょう。今にもおどりだしそう。みんなも「ユウのおかげだ」と言っています。でも……。

「ううん、みんなで1点を守ったから勝ったんだよ。それに、タカシのパスが最高だった」

　きっとユウは心からそう思ったんだね。

2 ミコ

ユウは、いつものように、じいちゃんの家に向かっていました。ふと見ると、垣根のところで、2年生くらいの女の子がしゃがみこんでいます。泣いているようです。ユウは声をかけました。

「どうしたの？」

「だれもいっしょに遊んでくれないの……」

女の子の名前はミコ。ひっこしてきたばかりで、まだ近所にも学校にも仲のよい友だちがいないそうです。先生や大人が声をかけてくれれば、みんなと遊べるけれど、子どもたちだけだと――。

「大丈夫。**そのうち、だれか**が『いっしょに遊ぼう』と**言ってくれる**よ」

ユウがやさしく言うと、ミコはうなずきました。

その時です。黒い影が目の前をよぎりました。

「あれ？　ララ？」

そう、ネコのララです。ララはユウには目もくれず、ミコの顔を見上げました。すると、ミコはびっくりしたような顔をしてララを見て、つぶやくように言いました。

「なにごと……まず……じぶんと……こころえよ？」

　それを聞いて、ユウもびっくりしました。

「『なにごとも　**まずは自分**と　こころえよ』。なんで知っているの？」

「だって、このネコがそう言っているんだもん」

「え、ララが？」

と、ユウが言うと、ララは垣根をくぐって姿を消してしまいました。

「『なにごとも～』って、どういう意味？」

　ミコに聞かれて、ユウはちょっと困りました。

「その、だれもいっしょに遊んでくれないのは……**みんなのせい**じゃなくて……**ミコちゃんのせい**だってことになっちゃうけど……いや、ぼくはそうは思わないよ！　ネコの言うことだし、気にしなくてもいいんじゃ……」

　ユウがあわてて言うと、ミコはじっと地面を見つめていました。もう泣いてはいないようです。ユウは気持ちを落ちつかせてから、言いました。

「まあ、**自分から**『仲間に入れて』と言えれば、いちばんいいよね。でも大変だよね」

ミコは静かにうなずきました。

ユウはじいちゃんのところでミコの話をしました。ララもいつの間にか帰ってきています。

「２年生に『なにごとも まずは自分と こころえよ』というのは、きびしいよ。そりゃ、自分から言えればいいけど、内気そうな子だったからね。転校生なんだから、**まわりのみんな**がもっと気をつかってあげればいいんだ」

　すると、じいちゃんが言いました。

「『**なにごとも　まずは自分と　こころえよ**』。これは今のユウにも当てはまるぞ。その子が困っているとわかっているのに、『**まわりのみんな**』になんとかしてもらおうと思っているじゃないか」

　じいちゃんのきびしい言葉に、ユウはたじろぎました。ララもユウをにらんでいます。すると、じいちゃんは表情をやわらげて言いました。

「昔から『**義を見てせざるは勇なきなり**』といってね。『正しいことができないのは勇気がないからだ』という意味だ。今回の場合は、困っている人を見たら、**自分から**助けてあげなさい、ということだな。ユウが、その子を見かけて、**自分から**声をかけたのはよかった。でも、ほかにも、もっとできることがあるんじゃないかな？」

　自分にできることはなんだろう？　ユウはちょっと考えてから、心を決めました。

ユウのふりかえりノート

今日のふりかえり

これまで／あのとき	これから
他人の困りごとは、他人が自分で解決すればよいと思っていた。	他人の困りごとでも、自分にできることはないかを考えるようにしよう。
ミコちゃんに声をかけたのはよかった。	ほかにもできることがあるはずだ。でもなんだろう。

今日の教訓

義を見てせざるは勇なきなり

正しいこととわかっていて、それができないのは、勇気がないから、という意味なんだって。それはそうだけど、現実にはむずかしいよね。

ユウと考えよう 2

壱 ユウがミコに言ったこの言葉について、どう思う？

「そのうち、だれかが『いっしょに遊ぼう』と言ってくれるよ」

やさしい言葉なのはまちがいないが、ちょっと無責任だな。

え、無責任？！　どこが？！

無責任なところが3か所ある。どこだかわかるかな？

弐 このあとユウはなにをするつもりだと思う？

自分から『仲間に入れて』と言えれば、いちばんいいんだけど、内気そうな女の子だから、手伝ってあげたいんだ。

手伝うときは、本当は「手伝ってもいい？」って聞いてからのほうがいいんだが(72ページを見よう)、今回は特別かな。で、どうするつもりだい？

参 ララからのメッセージ

あなたも、本当はやったほうがよかったのに、勇気がなくてできなかったことはないかな？　あったら、自分のふりかえりノートに書いてみよう。

➡壱弐の答えの例は 139 ページ

ララの観察日記 2

遠くで2年生の子どもたちが遊んでいます。それを、少しはなれたところから女の子が見ています。ミコです。ユウが、遊んでいる子どもたちに向かって、ゆっくりと歩き始めました。

その時です。ミコが、遊んでいる子どもたちのところに行って、なにか話しかけました。子どもたちは、いっしゅん顔を見合わせましたが、すぐにミコの手を引いて、いっしょに遊び始めました。

ユウは、遊んでいる2年生たちをしばらく見ていましたが、うなずきながら帰っていきました。

ミコ、がんばったね。ユウ、やさしいね。

3 ナミとリツ

ユウはじいちゃんのところにいます。ミコも、ときどき遊びにくるようになりました。今も庭でララと「ふうん」「へえ、そうなの」と、お話ししています。そう、ミコはララと話ができるみたいなのです。不思議なことですね。

その時です。表の通りから、言いあらそうような声が聞こえてきました。すると、ミコとララが立ち上がり、表の通りに走っていきました。そして、女の子と男の子を庭に引っぱってきたのです。

「おやおや、新しい仲間かな」

じいちゃんがうれしそうに言いました。

女の子はナミ、5年生。男の子はリツ、6年生。小さいころからの友だちだそうです。それで、なにを言いあらそっていたのかというと——

「子ども会のリーダーのことなの。今年は６年生はリツだけなのに、『自分はやらない。ナミがやればいい』なんて言い出すんだから！」
と、ナミが言うと、リツが答えました。
「ぼくは向いてない。ナミのほうが偉そうだし、強引だから、ずっとリーダーに向いている」
「ちょっと、リツ、それ悪口？　リーダーが６年生じゃないと、なにかと困るの！　わかるでしょう？」
　また言いあらそいが始まってしまいました。

話を聞いていた、じいちゃんが言いました。

「ナミとリツといったね。二人にちょっと相談がある。**みんなで**カレーを作ってほしいんだ」

（カレー？　じいちゃん、急にどうしたの？）と、ユウは不思議に思いました。

すると、ナミが胸をはって答えました。

「カレーだったら、**わたしに全部まかせて！**」

「ナミはこう言っているが、リツはどうする？」

じいちゃんが言うと、リツは少し考えてから、ミコとユウに向かって言いました。

「料理、やったことある？」

「うん！　お野菜を洗ったり、皮むき器で皮をむいたりしたことあるよ」と、ミコ。

「ぼくも、そのくらいならできる」と、ユウ。

　それを聞いて、リツはミコとユウに言いました。

「では、**それは二人にお願いしよう**。さて、カレーの辛さはどうしようか？」

「わたし、甘口しか食べられない」と、ミコ。

「ぼく、中辛がいいな」と、ユウ。

「わたしは、すごく辛いのが好き」と、ナミ。

　みんな、考えがバラバラです。ここで、ナミが決めつけるように言いました。

「なら、間をとって中辛ね。はい、きまり！」

「それはないよ、ナミ」と、リツ。

「え、どうして？」と、ナミ。

「じゃあ、聞くけど、辛いのが大好きなナミは、甘口のカレーは食べられない？」

「ううん、もちろん甘口だって食べられるよ」

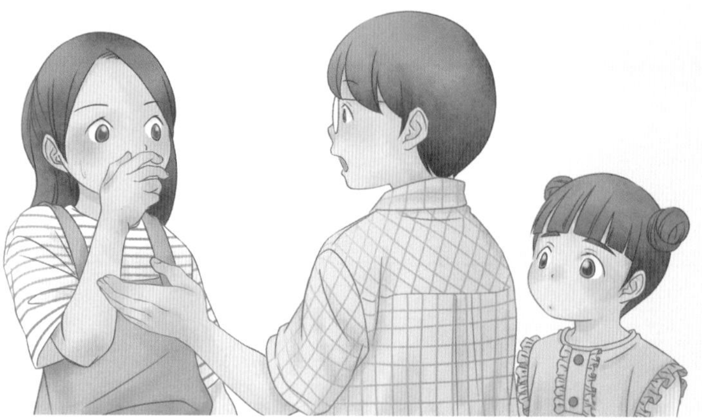

「それじゃ、甘口しか食べられない人は、辛口や中辛を食べられる？」

「あ！」と言って、ナミは口をおさえ、ミコの顔を見ました。ここで、ユウが言いました。

「インド屋のカレールウなら、甘口でもスパイスがきいていておいしいよ。ジャワ印のは……」

「くわしいね。それなら、**カレールウ選びはユウ、味見はミコにお願いしよう**。あとは――」

　こうして、リツは**みんなと話しながら、いろいろなことを決めていきました。**

　じいちゃんは、ナミに言いました。
「さて、ナミはどうする？」
　すると、ナミはしょげたようすで言いました。
「……リツにまかせる。わたし、リーダーに向いてない。わたしが船長さんだったら、**自分勝手に突っ走って**、船を沈没させせちゃいそう」

　しかし、リツも言いました。
「ぼくは、ナミとはちがって、**自分ひとりでぱっと決めて、ぱっと行動する**ことができない。ぼくが船長さんだったら、**みんなの話を聞いて考えこんでいる**うちに、船が沈んじゃうよ」

それでも、ナミは首を横にふるばかりでした。

「買い物に行ってくるね」と、ナミは言って、ユウとミコと出かけました。あとの準備のために残ったリツに、じいちゃんは言いました。

「頭領初伝『頭領は 心を合わせる 道しめし 適材適所に 配すべし』」

「『頭領』というのは、リーダーのことですね」

「そう、さすが6年生。リツは**『甘口カレーを作る』というゴールを決め**、みんなが心を合わせて進む『道』を開いた。そして、**ミコとユウにもできる仕事もきちんと見つけた**——これが『適材適所に配す』ということだ。みんなの力を最大限に活かそうとしたんだね。リツはリーダーとしてのつとめを立派に果たしたんだよ」

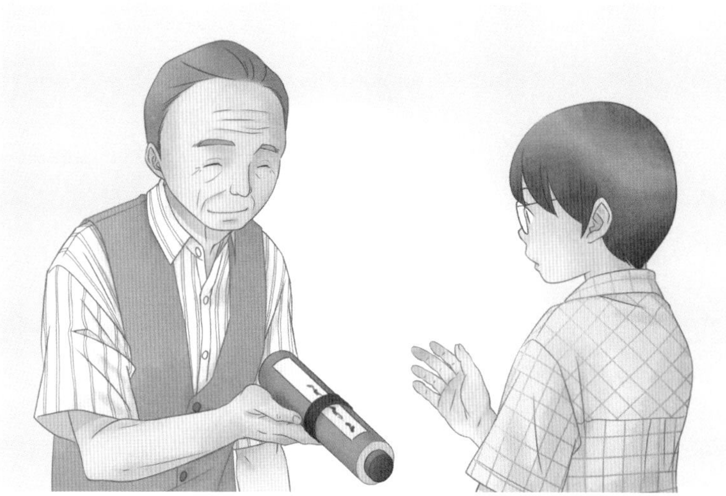

　ここで、じいちゃんはララがくわえてきた棒のようなものを手に取り、リツに渡しました。巻物です。「頭領心得之条」と書かれています。

「その巻物には、さっきの初伝から始まる、リーダーとしての心がまえが書かれている。あとは覚悟の問題だ。リツに覚悟はあるか？　ないのなら、今すぐ巻物は返しておくれ」

　リツは巻物をにぎりしめて、しばらく考えていました。そして、なにか心に決めたようすでうなずきました。

リツのふりかえりノート「リーダーへの道」

今日のふりかえり

これまで／あのとき	これから
自信がないから、無責任で人まかせだった。	なにごとも覚悟の問題だ。覚悟を決めて取り組もう。
自分はリーダーに向いていないと思っていた。	自分のリーダーに向いている面を活かしていこう。
船が沈みそうなときは、自分ではダメだと思った。	そういうときは、ナミにまかせればいいのかな。

今日の教訓

頭領は　心を合わせる　道しめし

適材適所に　配すべし

言葉はむずかしいけれど、要するに「みんなでどこに向かうのか？」「それぞれなにをするのか？」を上手に決めるのがリーダーということだね。

ユウと考えよう 3

壱 もともとリツは、どういう人間がリーダーに向いていると思っていたのかな？

最初、リツは自分がリーダーには向いていないと思っていたね。

うん、ナミがリーダーに向いていると言っていた。

そう、では、ナミはどんな人かな？

弐 リツはどんなことを心に決めたんだと思う？

まずは子ども会のことじゃない？（35 ページ）

もちろん、それもあるけれど、じいちゃんは、リツの生き方も大きく変わったと思うよ。さて、リツはどうするかな？

参 ララからのメッセージ

あなたは、自分がリーダーに向いていると思う？　どんなところが向いている？　どんなところが向いていない？　気がついたことがあったら、自分のふりかえりノートに書いてみよう。

➡壱弐の答えの例は 139 ページ

ララの観察日記 3

みんなでカレーを作っています。大活躍しているのはナミ。料理が得意なのでしょう。リツはまるでナミの助手みたい。でも、困ったときや、迷ったときは、みんな、リツに相談しています。リツは意外とたよりになるんだね。

そろそろできあがり。ミコが味見をして、にっこりしました。あ！　ユウがつまみ食いした。

ナミとリツも味見をして、にっこりしました。そうそう、言い忘れていたけど、実はリツもミコと同じで、甘口カレーしか食べられないんだよ。

第2章

最強のチームをつくろう

4 困りごと引き受け隊

「リツ、もうちょっと上。あ、右にかたむいた」

「こんなもんかな。どう？」

　リツとナミが、じいちゃんの家の門に、大きな看板を取り付けました。ユウとミコも看板を見上げています。そこに書かれているのは――

かささぎ町　困りごと　引き受け隊

困りごと引き受け隊って、いったいなんでしょう？

みんなでカレーを作ったのは、ひと月前のこと。それから、リツとナミも、じいちゃんのところに遊びにくるようになりました。学年はちがいますが、今ではすっかり仲良し４人組です。

そんなある日、ナミが言い出したのです。

「みんなで人の役に立つことをやらない？　この４人なら、なにかできそうな気がするんだよね」

「いいね。でも、なにかってなに？」と、リツ。

「町のゴミ拾いをするとか？」と、ユウ。

すると、ナミは「うん、まあ、そういうことなんだけど――」と、なやんでいるようす。

その時です。ミコが大きな声で言いました。

「町の人の困りごとをなんでも引き受けたら？」

びっくりしてミコを見ると、ミコは「と、ララが言っているよ」と言って、にっこりしました。ララはというと、そっぽを向いて大あくびです。

それから話はとんとんびょうしに進み、「かささぎ町　困りごと引き受け隊」ができあがったというわけです。チーム名を考えたのはユウ。こういうことを思いつくのが得意なんですね。

ところが、とんとんびょうしに進んだのは、最初のときだけ。始めてみたら大変でした。

困りごと引き受け隊の最初の仕事は、キミエおばさんの「ネコのミミがいなくなっちゃった。探してください」でした。「ネコ探しならまかせて」

とララが言った――と、ミコが言うので、ララといっしょに探すことにしよう。ここまでは順調に話が進みました。問題はここからです。

「いつ、どこを探すの？　リツ、早く決めてよ」

「どこを、どうやって探すの？　リツ、教えて」

しかし、なかなか見つかりません。

「あそこを探せって言ったの、リツだよ」

「もうつかれた。リツ、なんとかして」

「リーダーなんだから、少しは考えてよね」

リツが困ったようすで首をふると、みんなは口々に言いたいことを言い合いました。

その時です。ララが「シャーッ」と怒って、ナミ、ユウ、ミコをにらみつけました。みんながだまりこむと、ミコがおずおずと言いました。

「リツ、ララが『巻物を見ろ』って言ってる」

リツがハッとして「頭領心得之条」の巻物を見ると、次の言葉が目にとまりました。

> **頭領中伝**
> **『頭領にふたつあり　役目の頭領　気持ちの頭領』**

リツは、しばらく考えこんでから、みんなに向かって静かに言いました。

「たしかにぼくはリーダーだ。でも、なんでも知っているわけではないし、なんでもできるわけでもない。みんなの考えを聞いて、なにをするか、どうやるかを決めることしかできないんだ。だから、ぼくに聞くだけではなく、自分の考えを言ってほしい。そのためには、みんなにも**『自分もリーダーだ』という気持ち**を持ってほしい。**リーダーになったつもりで、なにをするか、どうやるかを、ひとりひとりに考えてほしい**んだ」

「わたしもリーダーなの？」と、ミコ。

「え？　ぼくも？」と、ユウ。

「そう、ミコも、ユウも、ナミも、みんなリーダー。もちろん、みんなで話して、なかなか決まらないときは、ぼくが決めるし、決めた責任は引き受ける。それがぼくの役目だからね」

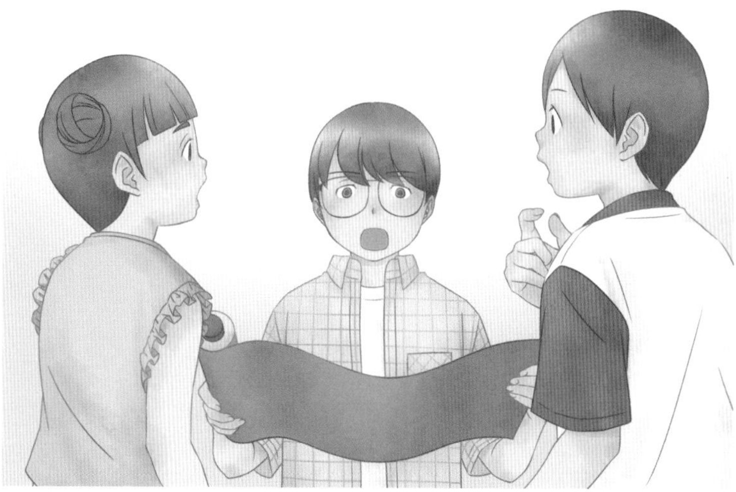

すると、ナミがすまなそうに言いました。

「リツ、ごめん。みんなリツのせいにして、無責任に勝手なことばかり言っちゃった。そうだよね。みんながリーダーの立場になって考えれば、もっとうまくいくはずだよね」

「ごめんね」「ごめんなさい」と、ミコとユウ。

リツは、少しはずかしそうにうなずきながら、言いました。

「ぼくも、たよりないリーダーで、ごめんね」

さあ、気持ちを切りかえて、ミミを探すことにしましょう！

リツの今日のふりかえり

これまで／あのとき	これから
リーダーはなんでも知っていて、なんでもできなければならないと思っていた。	一人の力には限界がある。みんなの力もたよりにすることにしよう。
自分はたよりなくて、だめだと思っていた。	たよりないからこそ、みんなに助けてもらおう。

ナミの今日のふりかえり

これまで／あのとき	これから
リーダーがなんでも決めて、なんでもやってくれると思っていた。	自分もリーダーの立場になって考えたり、動いたりするようにしよう。
リツはリーダーとしてはたよりないと思っていた。	みんながリーダーだから、リツがたよりなくてもみんなで助けあえばいいよね。

ユウの今日のふりかえり

これまで／あのとき	これから
なんでもリーダーをたよればいいと思っていた。	自分でもちゃんと考えるようにしよう。

ミコの今日のふりかえり

これまで／あのとき	これから
リツはなんでもできると思っていた。	リツのことをわたしも、助けてあげる。

今日の教訓

頭領にふたつあり　役目の頭領　気持ちの頭領

　リーダーというと、みんなを引っぱっていくイメージがあるけど、みんなも引っぱられているだけではダメだということだね。

ユウと考えよう 4

壱 困りごと引き受け隊が、最初のうち、チームワークを発揮できなかったのは、なぜかな？

だって、リツはなんでも知ってるし、なんでもできると思ったから……

それにしても、ユウたちの態度は無責任だったぞ。あと、最初のうち、リツが考えちがいをしていた部分もある。わかるかな？

弐 このあと、みんなは、どうやってミミを探せばいいかな？

実際、町にいちばんくわしいのはぼく、ネコにいちばんくわしいのはミコとララ、決断力がいちばんあるのはナミなんだよね。

そういうのをうまく活かすには、どうすればいいかな？

参 ララからのメッセージ

あなたも、ほかの人をたよりにしたり、ほかの人のせいにしたりして、無責任になったことはないかな？あったら、自分のふりかえりノートに書いてみよう。

➡壱弐の答えの例は139ページ

ララの観察日記 4

「近くだけじゃなくて遠くも探そう」

「商店街にも意外とかくれるところがあるよ」

そう、ミミがいたのは、遠くの商店街。店と店の間にある、細いすきまにかくれていました。

「ほら、さっさと出てきなさい！」と、ナミ。そんな言い方では、ミミがこわがっちゃうよ。

「ミコにまかせようよ」と、ユウ。そうそう。

「おうちに帰ろう。ね？」と、ミコがやさしく言うと、ミミがそろそろと出てきました。リツがそっとだきあげ、キミエおばさんの家に向かいました。

やさしい（たよりない？）リーダーと、たよりになる仲間たち。いいチームだね。

陽だまりのテラスで 1

「ララという名前は、じいちゃんが付けたの？」

ユウが聞くと、じいちゃんは答えました。

「ギリシャ人の友だちが付けてくれたんだ。本当の名前はクリスターラ。ララというのは、その愛称なんだよ」

「名前と愛称がずいぶんちがうね」と、ナミ。

「英語でクリスタルは水晶という意味だけど、ギリシャ語のクリスターラも水晶という意味かな」と、リツ。

「ララは12月25日生まれなので、イエス・キリストにちなんだ名前だそうだ」と、じいちゃん。

「ふうん、でも、ララはララでいいよ」と、ミコ。

ララは「自分には関係ない」という顔をして、大きくのびをしました。

Κριστάρα

5 かささぎ国際ボンダンス大会

「ごめんください。ちょっとよろしいかしら」

門のところに、背の高い女の人が立っています。かささぎ町の町内会長さんです。

「じいちゃんにご用ですか？」と、ユウが聞くと、町内会長さんは首を横にふりました。

「いいえ、あなたたちにお願いがあって来たの。困りごと引き受け隊のみなさんにね」

町内会長さんによると、明日の夜、かささぎ国際ボンダンス大会が開かれます。そこに外国のお客様を100名招待しているそうです。

「ボンダンスって、なあに？」と、ミコ。

「日本語では『盆踊り』といったかしら。外国のお客様に名札を付けていただくのに、名札が間に

合わなくて……。それで、みなさんに名札作りをお願いしたいの」と、町内会長さん。

（盆踊り？　まだ7月なのに気が早いなあ）と、ユウが思っていると、リツが言いました。

「**いつまでに**作らないといけませんか？」

「明日の夕方6時。間に合わないと、とっても困りますのよ」と、町内会長さん。

「今日明日の放課後で名札を100個。できない数ではないな」と、リツが、つぶやくように言いました。ここで、ナミが質問しました。

「わたしたち、あまりパソコンが得意じゃないので、手書きでもいいですか？　手書きのほうが、心がこもっていて、いいと思いますけど」

「手書き？　いいですよ。みなさんで、すてきな名札を作ってくださいませね。では、名簿と名札の紙とネームホルダーを持ってきます。リツ君、手伝ってくださる？」と、町内会長さん。

リツはうなずき、ナミに向かって言いました。

「ぼくが帰ってくるまでに、**どんな名札にするか、だれがなにをやるか**を決めておいてね」

「OK。そうすれば、すぐに始められるもんね」

と、ナミは張りきったようすで言いました。

「だいたい、こんな感じかな」

ナミは名札のデザインを描いてみました。

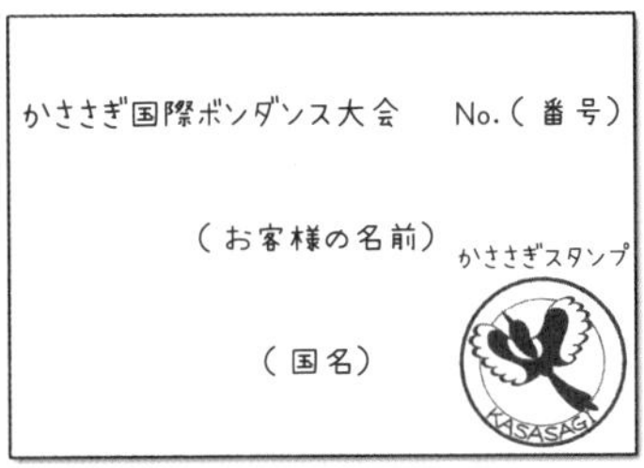

　そして、ユウやミコと話しながら、**だれがなにをするか**も決めていきました。

- 1行目は、漢字があるからリツとナミが書く。
- 2行目と3行目は、カタカナならユウが書く。むずかしい字ならリツかナミが書く。
- ミコは、かささぎスタンプを押し、名札の紙をネームホルダーに入れる。

名札のデザインを見て、ユウが言いました。

「なんだか地味で、さびしい感じだね」

「お客様の国の国旗を描こうか？」と、ナミ。

「すごくいいと思う」と、ミコ。

「国旗はスマホで調べるね」と、ユウ。

こうして、デザインができあがりました。

リツが帰ってきました。名札のデザインを見て、しばらく考えてから言いました。

「ためしにひとつ作ってみよう」

実際に作ってみたら、意外に大変でした。国旗を描くのに時間がかかりすぎるのです。ひとつ作るのに、20分もかかってしまいました。

リツが首をひねりながら言いました。

「うーん、このデザインでは無理だなあ」

すると、ナミが強い口調で言いました。

「ちょっと、リツ。デザインにケチをつけるつもり？　みんなで考えたんだよ！」

「でも、間に合わないよ」と、リツ。

「だって、町内会長さんも『すてきな名札を作ってね』と言ったじゃない。わたし、すてきな名札が作りたいの！　少しくらいおくれたって――」

ここで、リツがぴしゃりと言いました。

「ナミ！　ぼくたちの仕事は、明日の6時までに100個の名札を作ることなんだ。時間を無視して、すてきなものを作ることじゃない！」

　ナミは口をキッと結んで、下を向きました。目には涙がにじんでいます。くやしさが、全身から伝わってくるようです。

「――わかった。あとはリツが決めて」

　そう言って、ナミは外に飛び出してしまいました。リツはため息をついて、空を見上げました。

　ナミが門から飛び出すと、ユウのじいちゃんが立っていました。じいちゃんは言いました。

「ナミが思っていることを全部、このじいちゃんに話しておくれ」

　ナミは涙ながらに語りました。

「リツの言ってることは正しいよ。それはわかってる。でもね。あのままじゃ、名札はぜんぜんすてきじゃない。国旗でもなんでもいい。あざやかな色がほしかったの」

　じいちゃんは深くうなずいて、言いました。

「なるほど、ナミの考えはよくわかった。それなら、こういうのはどうかな？」

二人は門の外で相談を始めました。

「みんな、いい考えがあるの。聞いて！」

ナミが帰ってくるなり、大きな声を出したので、リツとユウとミコは、びっくりしました。

「お客様の名前に、赤い筆ペンで、アンダーラインとサッと引くの。これなら時間もかからないし、どうかな？」

ためしに、名札をひとつ作ってみました。

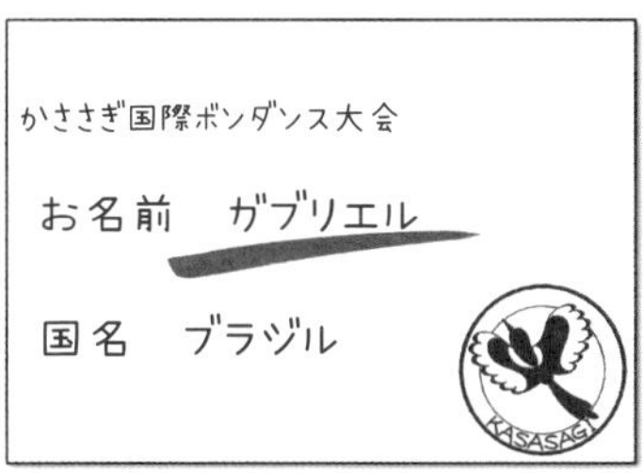

かささぎ国際ボンダンス大会
お名前　ガブリエル
国名　ブラジル
KASASAGI

「うわあ、かっこいい！」と、ユウ。

「すてき。ナミ、すごーい！」と、ミコ。

「さすがナミ。センスいいなあ」と、リツ。
「みんな、ありがとう。でも、リツにきつく言われたおかげで、思いついたんだよ。あと、ユウのじいちゃんにも手伝ってもらっちゃった」
と、ナミは、心からうれしそうに言いました。
　デザインが決まれば、あとは名札を作るだけです。みんなで、決めた通りに手分けして、どんどん名札を作っていきました。この調子なら、きっと明日の６時に間に合うことでしょう。

陽だまりのテラスで 2

「ユウ、奥の部屋から額を持ってきておくれ」

じいちゃんに言われて、ユウが額を持ってきました。そこには「**中伝 みなの願いを ひとりの願いの 先とせよ**」と書かれています。

「ナミは、時間をかけてでも、すてきな名札が作りたかった。これが『ひとりの願い』。でも、みんなは、時間内に名札を作らないといけない。これが『みんなの願い』。チームワークでは、『ひとりの願い』よりも『みんなの願い』を優先して考えなさい、ということだ」

じいちゃんが説明すると、ナミが言いました。

「それって、日本的で、古い考え方のような気がする」

じいちゃんは首を横にふって、答えました。

「そんなことはない。実は最先端の考え方なんだ。世界中の宇宙飛行士が活躍する、国際宇宙ステーションでも、これがチームワークの基本的な考え方とされているんだよ」

リツの今日のふりかえり

これまで／あのとき	これから
リーダーは、全員の希望をかなえなければならないと思っていた。	目的のためには、希望をかなえられないこともある。でも、けっこうつらい。
ナミを傷つけてしまった。	言い方には気をつけよう。

ナミの今日のふりかえり

これまで／あのとき	これから
いつも自分の目的をいちばんに考えていた。	まずチームの目的のことを考えるようにしよう。
リツは正しいけど、言い方がひどいと思った。	リツもつらかったのだと、今ならわかる。

今日の教訓

みなの願いを ひとりの願いの 先とせよ

これがチームワークの基本だとわかってはいるけど、できれば自分の願いもかなえたいよね。

ユウと考えよう 5

壱 ナミとリツがぶつかってしまったのは、なぜかな？

国旗の絵を描くのは、いいアイデアだと思うけどなあ。

でも、そのアイデアには、致命的な問題があった。リツは、その問題を指摘しただけなんだけどね。なぜ、ぶつかったんだろう？

弐 リツはナミに、どう言えばよかったのかな？

「ぼくたちの仕事は、明日の6時までに100個の名札を作ることなんだ。時間を無視して、すてきなものを作ることじゃない！」（63ページ）って、言われたほうは傷つくよね。

言っていることは正しいんだが、ナミの気持ちも考えてあげないとね。では、どう言えばよかったかな？

参 ララからのメッセージ

ナミみたいに、みんなのために、がまんしたことはないかな？　リツみたいに、正しいと思うことを言ったために、相手を傷つけてしまったことはないかな？　あったら、自分のふりかえりノートに書いてみよう。

➡壱弐の答えの例は139ページ

ララの観察日記 5

かささぎ国際ボンダンス大会が始まりました。世界中の、いろいろな国の人たちが、色とりどりの浴衣を着て、盆踊りを踊っています。

踊り終わると、外国の人たちは、首から下げた名札を見せ合いながら、楽しそうに話しています。「こんなかっこいい名札、見たことない」、「赤いラインが日本らしくていいね」、「かささぎのスタンプ、かわいい」、「日本のおみやげにしよう」だって。

その名札を作ったのは、リツ、ナミ、ユウ、ミコという、すてきな４人組なんだよ。みんなに教えてあげたいな。

こぼればなし

名札作りのとき、ユウはミコが心配でした。かささぎスタンプを押すのに、手間どっているように見えたからです。

ミコが席をはなれたとき、ユウはスタンプを代わりに押してあげました。そして、もどってきたミコに、「スタンプ、押しておいてあげたよ」と言ったのです。

すると、ミコの目が涙でいっぱいになりました。「どうしたの？」と、リツがたずねると、ミコは言いました。

「あのね、かささぎスタンプをね。とっても、とっても、きれいに押したかったの。でも……」

名札を見ると、ミコが押した分はスタンプがきれいですが、ユウが押した分はちょっとかすれています。

「このくらい気にしないで。大丈夫だよ」と、ナミ。

ところが、ミコは「そういうことじゃないの！」と言って、大声で泣き始めました。リツ、ナミ、ユウは顔を見合わせ、途方に暮れてしまいました。

「おやおや、どうしたんだい？」

じいちゃんです。なにがあったのか、リツが説明すると、じいちゃんは、みんなに向かって言いました。

「仲間が大変そうなときに、手伝ってあげるのは当然だ。ただ、**手伝う前に必ず、『手伝ってもいいですか？』と聞いたほうがいい**。人には、それぞれ自分のやり方がある。そのやり方を尊重しないとね」

ユウはミコにあやまってから、聞きました。

「ミコ、手伝ってもいいかな？　スタンプがかすれている名札を、いっしょに直したいんだ」

すると、ミコはにっこりして言いました。

「いいよ。でも、かささぎスタンプは、もっと、もっと、もーっと、ていねいに押してね！」

第3章

チームワークを発揮しよう

6 フニクラさんの「恐怖の館」

「ごめんください。みなさん、あの噂をご存じ？」

町内会長さんです。最近、よく来ます。

「『恐怖の館』の噂ですよ。恐ろしい悪魔が住み、謎の巨大生物がうごめき、毎晩のように恐怖の叫び声が響きわたるんですって」

町内会長さんは、身ぶるいしながら続けました。

「無理にとは申しませんけど、ちょっと調べていただけると……ね？……ホホホ、ごめんあそばせ」

そう言って、そそくさと帰ってしまいました。

「要するに『調べろ』ってこと？」と、ナミ。

「小学生だけで大丈夫かな？」と、ユウ。

「ララがいれば大丈夫だよ」と、ミコ。

リツは――恐怖で震えていました。

町はずれの洋館に来ました。まるで外国のお城みたいです。リツが呼び鈴を押そうとしましたが、指先が震えて押すことができません。そこで、ナミが呼び鈴を押しました。

「おや、これはすてきなお客様ですね」

背の高い、魔法使いのような見た目の、男の人が出てきました。外国の人なのかな。

「わたしはフニクラ・ドコダ・ソコカココサ３世。『フニクラさん』と呼んでくださいね」

リツたちも自己紹介したところで、ミコがいきなり聞きました。

「フニクラさんって何人？」

「ちょっとミコ、失礼だよ」と、リツ。

「地球人ですよ」と、フニクラさん。

「わたしも地球人。おんなじだね」と、ミコ。

　フニクラさんは、ニコニコしながら言いました。

「そう、人類はみな地球人。宇宙にいるのは宇宙人。まずは地球人同士、仲良くしましょうね」

　そのとき、謎の巨大生物が、横から顔をのぞかせました。「ひゃあ」と、リツがしりもちをつくと、フニクラさんが言いました。

「ああ、大丈夫。牛のホンダさんですよ」

　ナミは、しりもちをついたリツを見て、ため息をついてから、キリッとした感じで言いました。

「あの、フニクラさん。お話があります」

「ああ、ごめんなさい。いま、お客様がいらしていてね。明日の午後３時ごろに来られますか？おやつを食べながら、お話ししましょう」

　フニクラさんは、すまなそうに言いました。

次の日、リツたち４人は、２時55分にフニクラさんの家の前に集合し、呼び鈴を押しました。

「おや、早いですね。どうかしました？」

フニクラさんは、不思議そうに聞きました

「あ、いえ、その、あの……」と、リツがまごまごしていると、ナミが言いました。

「わたしたち、約束が３時ですから、２時55分に集合したんです」

すると、フニクラさんは聞きました。

「ほう、**そういうきまりでもあるのですか**？」

「はい、５分前ルールと言います」と、ナミ。

「ほうほう、でも、わたしだったら、10分後ルールのほうが好きですね」と、フニクラさん。

「え？　それだと遅刻ですよ」と、ナミ。

「たしかに、絶対に遅刻してはいけない場合もあります。でも、いつも５分前とか、時間ピッタリだと、だれかに急かされているような気がしませんか？」と、フニクラさん。

「あの……ご迷惑でした？」と、ナミ。

「いえいえ、みなさんが、**キッチリピッタリが得意**とわかって、よかったです。わたしは、**キッチリピッタリは苦手で**ね。**地球人もいろいろ**です」

　そう言って、フニクラさんは、リツたち４人を門の中に招き入れました。

　門を入って、庭を見ると、カラスの羽根が、地面のあちこちにささっています。なんだか不気味です。やはり「恐怖の館」なのでしょうか？

「あの羽根はなんですか？」と、ユウ。

「地面にさした羽根に水がつけば、その下に地下水がある証拠だそうです。井戸を掘るための、忍者の知恵ですよ」と、フニクラさん。

「フニクラさん、井戸を掘るの？」と、ミコ。

「いいえ、井戸なんて掘りませんよ。水道がありますからね」と、フニクラさん。

（フニクラさんとの会話って、なんだかヘンテコで、おもしろいな）と、ユウは思いました。

　みんなは、庭に面した、明るい客間に通されました。広い庭のまんなかで、牛のホンダさんが草を食べています。

「ミルクティーはいかがですか。ホンダさんのミルクだから、おいしいですよ。お菓子もいろいろ用意しました。さて、お話ってなんですか？」

「あのー」と、**リツが言いにくそうにしていると、**

ナミが代わりに言いました。

「この家から怪しい叫び声が聞こえると、噂になっているんですけど、なにかご存じですか？」

「『キャー怖い！』『ヒャー助けて！』ですか？」

いきなりフニクラさんが叫んだので、みんなはびっくりしました。

「た、たぶんそうです」と、震えながらリツ。

「お化け大会の練習をしていたんです。もうすぐ、かささぎ町お化け大会があるでしょう。お化けのみなさまがおどかしてくださるのに、きちんと怖がらないと失礼ですからね」と、フニクラさん。

「事情はわかりました。でも、いきなり叫び声がしたら、近所のみなさんがびっくりしますよ」

と、ナミが言うと、フニクラさんは不思議そうな顔をしました。

「びっくりするのって、そんなにイヤですか？わたしはびっくりするのが大好きなんです」

「フニクラさんは、びっくりさせすぎですよ。庭には牛がいるし、見た目は魔法使い——」と、ユウが言いかけたとき、ナミが目で（ユウ、やめて。言いすぎだよ）と合図しました。

フニクラさんは、シュンとして言いました。

「自分にとってうれしいことが、ほかの人にとっては迷惑なこともありますよね。神様は『**自分がしてもらったらうれしいことを、ほかの人にしてあげましょう**』と言いました(1)。でも、地球の偉い人は『**あなたはうれしくても、わたしはうれしくないよ。わたしはあなたじゃないんだから**』と言いました(2)。むずかしいものですね。いや、教えてくれてありがとう。これからは、お化け大会で怖がる練習は、地下室でやることにします」

(1)マタイ伝7章12節。正確にはイエス・キリストの言葉です。

(2)英国の劇作家ジョージ・バーナード・ショーの言葉です。

「お菓子がずいぶん残ってしまいました。どれでも好きなのを持って帰ってくださいね」

　フニクラさんが言うと、リツたちは、どれを持って帰るか、話し合いを始めました。そして――

「では、ビスケットをいただけますか」

と、リツが言いました。すると、フニクラさんは首をかしげながら、ミコに聞きました。

「あなたも、ビスケットでいいんですか？」

「本当はシュークリームがいいけど、持って帰るのも、とっておくのも不便だって言うし、**みんなで決めたことだから**」と、ミコ。

「え？　みんなで決めたことだから？」と、フニクラさんは、とても不思議そうな顔をしました。

「そう、『**みなの願いを　ひとりの願いの　先とせよ**』っていうんですよ」と、ナミ。

「たしかに、**みんなで決めて、みんなで従ったほうがよいこと**もあります。でもね。**みんなで決めたあと、もう一度、ひとりひとりが考えるとよいこと**もあるんですよ」と、フニクラさんは言ってから、ミコに聞きました。

「シュークリームは、持って帰るのも、とっておくのも不便ですね。でも、なぜ、持って帰って、とっておかないといけないんですか？」

「あ、食べながら帰ればいいんだ！」と、ミコ。

「ほら！　よいアイデアが生まれたでしょう？」と、フニクラさん。

「でも、お行儀悪いですよ」と、ナミ。

「みなさん、キッチリ真面目ですねえ。本当に地球人もいろいろです」と、フニクラさんは、ちょっとあきれたように言いました。

帰り道で、リツが言いました。

「これで『恐怖の館』の謎は解けた。あとは町内会長さんに報告すればおしまいだけど――」

「フニクラさん、ヘンテコだけど、話してみたら、いい人だったね」と、ユウ。

「わたし、フニクラさん、大好き！」と、ミコ。

「でも、**話してみないと、絶対にわからない**よね。あの不思議なよさは」と、ナミ。

「うーん、フニクラさんのよさを町の人にも知らせたいなあ。さて、どうしようか？」と、リツ。

「ぼくたちでやってみようよ」と、ユウが言うと、みんなはうなずきました。

リツの今日のふりかえり

これまで／あのとき	これから
どんなときでも、リーダーの役目は果たさなければならないと思っていた。	緊急事態では、「役目のリーダー」を交代できるようにしたほうがよい。
自分にとっての「当たり前」は、だれにとっても「当たり前」だと思っていた。	人によって、「当たり前」がちがう場合もあることを覚えておこう。
どのような場合でも、みんなで決めたら、それに従うべきだと思っていた。	みんなで決めたあと、ひとりひとりで考えたほうがよい場合もあるとわかった。

ナミの今日のふりかえり

これまで／あのとき	これから
「役目のリーダー」は、リツだけだと思っていた。	自分が役目を引き受ける場合もあると覚悟しよう。
フニクラさんは、絶対に変な人だと思った。	話を聞く前に、変だと決めつけるのはやめよう。

今日の教訓

・緊急時にリーダーが役目を果たせなくなったら、だれかがリーダーの役目を引き受ける。

・変だと決めつけずに、話を聞こう。

・みんなで考えたあと、ひとりひとりが考えると、よいアイデアが生まれることがある。

フニクラさんと話してみて、自分たちで、いろいろ教訓を思いつくことができた。これもフニクラさんのおかげかな。

ユウと考えよう 6

壱 ①「みんなで決めて、みんなで従ったほうがよいこと」って、たとえばなにかな？　②「みんなで決めたあと、もう一度、ひとりひとりが考えたほうがよいこと」って、たとえばなにかな？

えー、むずかしいなあ。ぜんぜんわからないや。

①は、みんなで従わないと（守らないと）意味のないことを考えるといいよ。②は、本来はひとりひとりが考えるべきものなのに、まずはみんなでアイデアを出し合うような場合を考えてごらん。

弐 このあと、リツたちは、どんなことをすると思う？

フニクラさんのよさを、町の人たちにも知らせたいんだ。

ただ、ナミの言うように、フニクラさんのよさは「話してみないと、絶対にわからない」（86ページ）。さて、どうする？

参 ララからのメッセージ

リツたちとフニクラさんのように、最初は「変だ」と思っていたけれど、よく聞いてみたら納得したことはないかな？　あったら、自分のふりかえりノートに書いてみよう。

→壱弐の答えの例は 139 ページ

ララの観察日記 6

「さあ、みなさん、フニクラさんがお待ちですよ」

町内会長さんが、町の人のグループを連れて、フニクラさんの家に入っていきました。リツたちがフニクラさんと計画した「フニクラさんのお茶会」は、今日で5回目。フニクラさんは、お化け大会で大活躍したこともあって、町内の人気者になりました。

庭では、リツたちが、町の子どもたちといっしょに、牛のホンダさんの乳しぼりをしています。「牛って、こんなに大きいんだ」、「しぼりたてのミルクって温かいんだね」と、みんな楽しそうです。

フニクラさんが「ああ、地球も住んでみれば、けっこういいところだな」と、ひとりごとを言いました。え？まさか、フニクラさんって、本当は宇宙人？

こぼればなし

　どのお菓子を持って帰るか、話し合っていたときのことです。リツがみんなの意見をまとめながら言いました。

「携帯と保存の利便性を考えると、ビスケットだな」

「ちょっと、リツ、わかるように言ってよ！」と、ナミ。

　ここで、フニクラさんが口をはさみました。

「なにがわからないのか、きちんと質問するといいですよ」

「じゃあ、リツ、『携帯』ってなに？　『保存』ってなに？　『利便性』って、どういうこと？」とナミ。

「携帯は『持っていくこと』、保存は『とっておくこと』、利便性は『便利さ』という意味だよ」と、リツ。

「要するに、ビスケットは持っていくのにも、とっておくのにも便利ってことね？」と、ナミ。

　すると、フニクラさんが拍手をしながら言いました。

「すばらしい！　**理解できないことを『なに？』『どういうこと？』と質問し、確認するために『要するに、こういうこと？』と質問**しましたね。そうやって**質問しながら、相手の話を聞く**ようにすれば、宇宙人ともわかり合うことができますよ！」

　宇宙人？！　みんながびっくりしていると、フニクラさんは話を続けました。

「地球人には、すぐ人のせいにするクセがあります。自分が聞いてわからないと、『相手の話し方が悪い』。自分が話してわかってもらえないと、『相手の聞き方が悪い』。でも、宇宙人と話すときは『ぜんぶ自分のせいなのかな？』と考えます。わからなければ、『自分の聞き方が悪いのかな？』。わかってもらえなければ、『自分の話し方が悪いのかな？』。宇宙人と話すコツなんて、ただそれだけですよ」

　話を聞きながら、ユウは（これって『**初伝　なにごとも　まずは自分と　こころえよ**』だよね）と思いました。

陽だまりのテラスで 3 ～チームワーク奥義

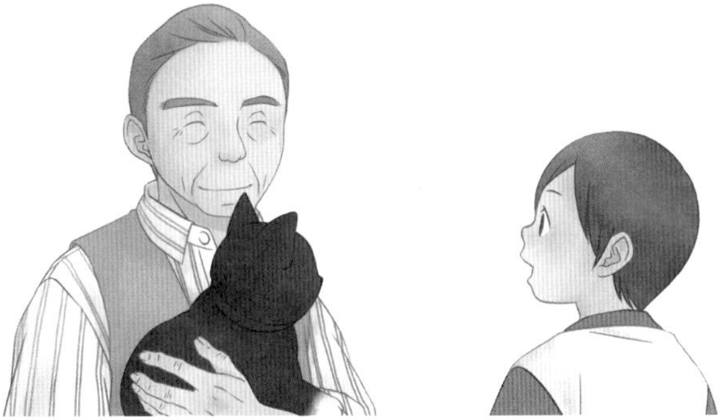

「フニクラさんと会ってみて、どうだった？」

じいちゃんが聞くと、すぐにユウが答えました。

「すごく変だけど、すごくおもしろかった」

じいちゃんはうなずいてから言いました。

「フニクラさんをチームメイトにできるかな？」

「えー、無理。考え方がちがいすぎる」と、ナミ。

「まあ、そう思うだろうね。では、困りごと引き受け隊が、全員リツだとしたら？」と、じいちゃん。

「いや、みんながいてくれないと困ります。今日だって、ぼくだけでは怖くてなにもできなかった」と、リツ。

「リツは頭いいけど、ララと話せないよね」と、ミコ。

「そう、**ひとりひとりに得意と不得意、長所と短所があるからこそ、かえってよいチームになる。**強い選手だけ集めても、必ずしも強いチームにはならないんだ」
と、じいちゃんは説明してから、ユウに言いました。
「奥の部屋に額があるから、持ってきておくれ」
　ユウが持ってきた額には、**「奥伝　ちがいをたくみに用いるべし」**と書いてあります。「ちがいをうまく活かす」という意味だそうです。じいちゃんは言いました。
「ナミの言うように、フニクラさんの考え方はちがいすぎる。そういうちがいをうまく活かすことができたら？」
「ぼくたちだけでは、絶対思いつかないようなアイデアが生まれるかもしれませんね」と、リツ。
「わたしも、変なことを思いついたとき、だまっていないで、どんどん言ったほうがよかったかな」と、ナミ。
「え？　だまっていたことなんてあるの？」と、ユウ。
「ちょっと、ユウ。それ悪口？」と、ナミが言うと、みんなは大笑いしました。

7 リーダー失格？！

今日は「かささぎ川美化作戦」です。町の人たちで、河原のゴミ拾いをします。リツたちも、町内会長さんに誘われて、「困りごと引き受け隊」として参加することにしました。

河原は、スポーツクラブや子ども会など、さまざまなチームでいっぱいです。ほとんどは小学生ですが、中学生３人組のチームもいます。町内会長さんが、子どもたちに向かって言いました。

「よい子のみなさん。今日は参加してくださって、感謝感激です。あとはすべて、みなさんの自主性におまかせするので、工夫してゴミを集めてくださいませね。ホホホ、ごめんあそばせ」

そう言って、町内会長さんは、大人たちのチームの方に行ってしまいました。

「これからミーティングをする。小学生の各チームのリーダーは集まってくれ！」

中学生３人組のチームが、小学生のリーダーたちを集めました。ミーティングはすぐに終わり、リツが戻ってきました。ナミが聞きました。

「あれ、かささぎ中学の、カオル先輩、トシキ先輩、ユウジ先輩だよね。なにを言われたの？」

「あそこのブルーシートが、子ども用のゴミ集積場だって。あと、よくわからないけど、『大きなゴミ山を作るんだ！』と何度も言われた」と、リツ。

「まあ、とにかく始めましょう」と、ナミ。

ほかの子どもたちは、手に大きな袋を持って、ゴミ拾いを始めていました。リツは、そのようすをしばらく見てから言いました。

「みんな、なんでもかんでも、ひとつの袋に入れちゃっているね。ミーティングではなにも言われなかったけど、あれでいいのかな？」

「燃えるゴミとか、燃えないゴミとか、ちゃんと分けないといけないんだよ」と、ミコ。

「かささぎ町では、燃えるゴミ、燃えないゴミ、プラスチックゴミ、ペットボトルに分別するの。あとは、ビンとか缶とか」と、ナミ。

リツは河原を見渡してから言いました。

「ざっと見ると、ペットボトルがいちばん多いね。次はプラスチックか。それでは、ペットボトルは、ユウとミコが集めてくれるかな？　プラスチックはナミ、それ以外は、ぼくが集める。これでどうだろう？」

「いいよ！」と、全員がうなずきました。

「あれ？　ユウ？」

後ろから声がしました。タカシです。サッカーチームの仲間たちと、「かささぎ川美化作戦」に参加したのだそうです。タカシはユウの持っている袋を見て、聞きました。

「ペットボトルだけ集めているの？」

「ああ、これはね――」と、ユウは、リツの決めた作戦について説明しました。すると、タカシは、

「なるほど。頭のいいやり方だね。おーい、みんな！　いい作戦を教えてもらったよ！」

と、仲間たちに呼びかけたのでした。

袋がいっぱいになったので、リツたち４人は、子ども用のゴミ集積場に行きました。中学生３人組が、ひまそうに立っています。その後ろには、ゴミ山ができはじめています。

リツたちが、ゴミ山の横に、分別したゴミ袋を並べていると、トシキ先輩がどなりました。

「おい！　勝手なことをするな！　大きなゴミ山を作れと言っただろう？」

そして、リツたちからゴミ袋を取り上げ、その中身をゴミ山に向けてぶちまけたのです。

「なにするの？！　せっかく分別したのに！」

と、ナミが叫びましたが、無視されました。

「ぼくたちにも考えがあって、こうしたんです。どうして――」と、リツが言うと、カオル先輩が意地悪そうに言いました。

「きみ、困りごと引き受け隊のリツね。最近、いい気になっているみたいだけど、ミーティングで言われた通りに、チームで行動できないなんて、リーダー失格だよ。ここでは、わたしが全体のリーダー。きみたちはまちがっているの」

すると、ナミが怒って、言い返しました。

「わたしたちはまちがってない。だいたい、分別もしないでゴミ山を作るって、どういうつもり？先輩たちのほうがまちがっているよ！」

「おい、生意気だぞ！」と、ユウジ先輩。

今にも、つかみあいが始まりそうです。

騒ぎを聞きつけて、河原のあちこちに散らばっていた小学生たちが、集まってきました。

「ねえ、どうしたの？　大丈夫？」

タカシが心配そうに聞くので、ユウは事情を説明しました。すると、小学生たちも口々に、「リツが正しい」「先輩はまちがっている」とか、「先輩に反抗するのはおかしい」「リツはまちがっている」など、言いあらそいを始めてしまいました。

そのときです。明るい声が響きわたりました。

「やあ、みなさん、楽しそうですね♫」

フニクラさんです。

ナミが答えました。

「楽しくありません。もめているだけです」

「それは楽しそうだ。せっかくだから、もっと楽しむ方法を教えてあげましょう」

子どもたちは言いあらそいをやめ、フニクラさんの言葉を待ちました。フニクラさんは、町の小中学生にも大人気なのです。

「地球のよい子のみなさん。もめごとのときは、相手に**『どうして？　教えて！』攻撃**をしかけましょう。『どうしてそうしたの？　考えを教えて！』と、冷たく攻めるんですよ。もめている相手の考えを教えてもらえるなんて、楽しいじゃないですか。決して、『あなたはまちがっている』などと、熱く攻めてはいけません。けんかになったら、楽しくありませんからね。では、みなさん、ごきげんよう。ワハハハハ……」

フニクラさんは豪快に笑いながら、去っていきました。

「リツ、**どうして**わたしたちに反抗したの？　考えを**教えて**！」

カオル先輩が、少し落ち着いたようすで聞くと、リツも冷静に答えました。

「いえ、反抗するつもりなんて、まったくありませんでした。最初から分別しながら集めたほうが、あとで便利だと思っただけです」

それを聞いて、タカシが言いました。

「ぼくたちも、その作戦を聞いて、『なるほど』と納得したんです。**どうして**ゴミの山を作らないといけないのか、わけわかんなかったし……」

「そこなんです。**どうして**先輩たちは『大きなゴミの山を作れ！』と指示したんですか？　考えを**教えて**ください！」

と、ナミが聞くと、トシキ先輩が答えました。

「ゴミの山がどんどん大きくなるのを見たら、やる気が出るじゃないか。大きなゴミの山を築き上げたら、達成感があるじゃないか！」

　ユウジ先輩が続けました。

「ぼくたちは、みんなにやる気を出してほしかったし、達成感を味わってほしかったんだよ」

「そういうことだったんだ！」、「納得！」、「最初から、そう言ってくれればよかったのに！」――小学生たちは、口々に言いました。先輩たちの考えに、ようやく納得したのです。

リツは、カオル先輩に言いました。

「先輩たちの考えを理解しないまま、無断で勝手なことをしてごめんなさい。みんなも納得したと思うので、これからのゴミ集めの方法について提案があるのですが――」

カオル先輩はリツの話をうなずきながら聞き、最後に大きくうなずいてから言いました。

「いいアイデアだね。やってみよう！」

リツの今日のふりかえり

これまで／あのとき	これから
納得できないことがあっても、そのままにしていた。	納得できないことがあったら「どうして？　教えて！」と聞こう。
正しいことをやっているのだから、いちいち説明する必要はないと思っていた。	チームでなにかをするときは、自分の思いつきで始めたことでも、相談や報告をしよう。

ナミの今日のふりかえり

これまで／あのとき	これから
相手を感情的に「まちがっている」と決めつけた。	冷静に「どうして？　教えて！」攻撃をしかけよう。でも、できるかな？

今日の教訓

・もめたときは冷静に「どうして？　教えて！」攻撃をしかける。「絶対にまちがっている」と思っていたのに、理由を聞いたら納得することもあるよね。

ユウと考えよう 7

壱 ①もめごとは、なぜ起きたのかな？　②どうすれば、もめごとを避けることができたかな？

先輩たちが悪い……あ、いけない、こういうときは「だれのせい」じゃなくて、「なんのせい」って考えるんだったね（24ページ）。

そうそう。あと、もめごとを避けるチャンスは、中学生の先輩たちにも、ユウたちにも、何度もあったんだよ。わかるかな？

弐 リツはカオル先輩に、どんな提案をしたと思う？（105ページ）

ゴミ山を作るのもいいけど、絶対、分別したほうがいいし、袋から出さないほうがいいと思うんだよね。

ユウが言ったことを、全部実現するには、どうしたらいいかな？

参 ララからのメッセージ

リツたちと先輩たちのように、相手の考えや行動の理由を聞かなかったために、もめごとになったことはないかな？　あったら、自分のふりかえりノートに書いてみよう。

➡壱弐の答えの例は139ページ

ララの観察日記 7

「さあ、分別した袋で大きな山を作るぞ。いいか？」

トシキ先輩が言うと、小学生たちはいっせいに「はいっ！」と答えました。その横では、ユウジ先輩がゴミの分別を手伝っています。みんな、やる気でいっぱいです。

その光景を見ながら、カオル先輩がリツに言いました。

「わたし、一方的に命令して従わせるのが、リーダーだと思っていた。わたしこそ、リーダー失格だね」

すると、リツが首をふりながら言いました。

「ぼくは、みんなが納得して手伝ってくれないと、なにも決められないし、なにもできないんです。たまには一方的に命令したほうがいいかな、とも思うんですけど……」

「いや、やめたほうがいいよ。きみには似合わないし」

と、カオル先輩は明るく笑いながら、言いました。

そう、リツにはやさしいリーダーが似合っているよ。

陽だまりのテラスで 4 ～リーダー奥伝

リツは「頭領心得之条」の巻物を広げました。リーダーとしての心がまえが書かれている巻物ですね。

頭領心得之条
初伝　頭領は　心を合わせる　道しめし　適材適所に配すべし
中伝　頭領にふたつあり　役目の頭領　気持ちの頭領

「初伝・中伝の次は奥伝だと思うんですけれど、なにも書かれていないんです。どういうことでしょう？」と、リツ。

「奥伝はリツが書くんだ。いま、いちばん大事だと思っていることを書いてごらん」と、じいちゃん。

リツは少し考えてから、次のように書きました。

奥伝　頭領は納得を生み出すべし

じいちゃんは言いました。

「もちろん、これで完成ではない。これからの人生で、学んだことを、どんどん書き足していくんだよ」

8 サクラさんの秘密の宝物

「ごめんください。ちょっとよろしいかしら」

町内会長さんです。今日は、やさしそうな感じの、おばあさんといっしょです。

「この方はサクラさんとおっしゃってね。昔、この町に住んでいらしたんですって」

サクラさんに困りごとがあるので、町内会長さんが、ここに連れてきたのだそうです。

「困りごと引き受け隊は、町内でも評判ですのよ。わたくしも鼻が高いわ。では、お願いね」

　町内会長さんは、いつものことですが、言いたいことを一方的に言って、帰ってしまいました。

「困りごとって、なんですか？」

　リツが聞くと、サクラさんは答えました。

「思い出をどこかに落としてしまったの」

　思い出を落とした？　どういうことでしょう。

　サクラさんは、持っていた箱を開けました。中には、古くて黄色くなった写真が１枚と、奇妙な記号が書かれた紙きれがいっぱい入っています。写真には女の子が二人。小さいほうの女の子が、ネコをだいています。

「これ、サクラさんの写真ですか？」と、ナミ。

「このネコ、ララにそっくり！」と、ミコ。

「わたしと姉のカエデです。わたしがだいているネコは、スモモっていうのよ」

２年前にカエデさんが亡くなったとき、この箱が見つかりました。箱を開け、写真や紙きれを見たとき、なにか大事なことを忘れているような気がしたそうです。でも――

「なにも思い出せないの。まるで、思い出ごと、どこかに落っことしてきてしまったようにね」と、サクラさんはさびしそうに言いました。

「問題は、紙きれの記号だな」と、リツ。

「暗号かな。リツ、わかる？」と、ユウ。

　すると、サクラさんが、紙きれの中から、きれいな千代紙を取り上げました。

「ここに『サクラ』と書いてあるんですって」

　千代紙には「—｜｜／／、フ」と書いてあります。これのどこが「サクラ」なのでしょう？

　ナミが言いました。

「リツ、こういうの、得意でしょう？　わたしたち、サクラさんと話しているから、謎を解いて！」

　リツは、むずかしい顔をして、考えこみました。しばらくして、ミコが言いました。

「リツ、いい？　お手伝いできるかも——」

「ああ、ミコ。いま集中しているから、話しかけないで。**これは２年生には無理**だから……」

　ミコがシュンとすると、ナミが言いました。

「ちょっと、リツ！　なに？　その態度。ミコはきちんとリツの仕事を尊重したよ？　それに、学校の勉強じゃないんだから、**２年生も６年生も関係ない**と思う。話くらい聞きなさいよ！」

「う、うん、そのとおりだ。ミコ、ごめん」と、リツもシュンとしました。

　ミコは、手を大きく動かしながら言いました。

「『―｜｜』―ヨコ・タテ・タテって、同じところで手を動かすと『サ』になるよ！　『／／』は『ク』にそっくり。『、フ』も、『、』の下に『フ』を書くと『ラ』みたいになるの！」

「カタカナを分解した暗号か！」と、リツ。

すると、ナミが大きな声で言いました。

「それって手旗信号かも！　両手に持った旗で、大きくカタカナを書いて、遠くの人に伝えるの。ガールスカウトで習ったことがあるんだ。うちに手旗信号の表があるから、持ってくるね」

　手旗信号の表でたしかめると、「—｜｜」は「サ」、「／／」は「ク」、「、フ」は「ラ」でした。そう、千代紙に書かれていたのは、たしかにサクラさんの名前だったのです。

　リツが紙きれを手に取って、言いました。

「この紙きれは、たくさんあるように見えるけど、書かれていることは３種類だけなんだ」

「／｜—／｜｜7」

「ㇷ＼—｜｜ㇷ｜6」

「∨L①ㇷ、、—6」

引用：海の手帳（公益財団法人日本海事広報協会 HP より）

これを手旗信号の表を使って解読すると――

「／｜―／｜｜7」　→「イナリ7」

「ㄱ＼―｜｜ㄱ／6」　→「ヤサカ6」

「＼/ L①ァ、、―6」　→「ハチマン6」

「数字はなにを意味するんだろう？」と、リツ。

「イナリ、ヤサカ、ハチマンってなんだろうね。イナリは、いなりずしかな」と、ナミ。

「おいなりさん、大好き」と、ミコ。

　すると、ユウがあることに気づきました。

「『おいなりさん』って、このあたりでは３丁目の稲荷神社のことだよ。２丁目に八坂神社もあるし、駅の向こうには八幡神社もある。イナリ、ヤサカ、ハチマンって、きっと神社のことだよ！」

「よし、みんなで行ってみよう」と、リツ。

「わたしは、ララといっしょに、サクラさんとお話ししているね」と、ミコ。

　サクラさんも、ララとお話しできるのかな。

　リツ、ナミ、ユウの３人は、まず稲荷神社と八坂神社に行ってみました。どちらも、小さな鳥居と祠があるだけで、なんの手がかりもありません。

おしまいは駅の向こうの八幡神社。大きな神社です。鳥居をくぐると、若い神主さんが社務所の前で、掃き掃除をしていました。リツが事情を説明すると、神主さんはおどろいたようすで社務所にもどり、小さな木の箱を持ってきました。

「亡くなった祖父が言っていました。『カエデさんとサクラさんの秘密の宝物をおあずかりしている。たずねてきたら、この箱を渡すように』と。みなさんはサクラさんのおつかいですから、おあずけします。必ず渡してくださいね」

３人は、わくわくしながら帰りました。「秘密の宝物」ってなんでしょう？

木箱を開けると、青いガラスのコップが入っていました。それを手に取ったサクラさんの目には、みるみるうちに涙があふれてきました。

サクラさんは、すべてを思い出したのです。

「あれは、わたしがミコちゃんくらい、姉のカエデがナミちゃんくらいのころでした――」

サクラさんはゆっくり話し始めました。

日本中で食べ物が不足していたあのころ、サクラさんとカエデさんは道ばたで、今にも死んでしまいそうな子ネコを見つけたそうです。

「わたしと姉は、どうしても子ネコを助けたかった。でも、大人たちに怒られました。『人が食べる物もないのに、ネコに食べさせる物などあるか！』とね。そのとき、わたしたちを助けてくれたのが、友だちのサブちゃんとケンちゃんでした」

彼らは子ネコのために、毎朝、どこからかミルクをもらってきてくれたのです。ただ、どうやって彼らからミルクを受け取るのかが問題でした。

「今とはちがってね。男子と女子が話すことさえ、はばかられる時代でした。毎朝、だれにも知られずにミルクを受け取るなんて、とても無理だと思いました。でも、サブちゃんが、いい作戦を考えてくれたの」

作戦とは、ミルクを受け取る場所と時間を、暗号で書いた紙で知らせること。たとえば「／｜―／｜｜7（イナリ7）」なら、「稲荷神社で朝7時に」ミルクを受け取るということです。

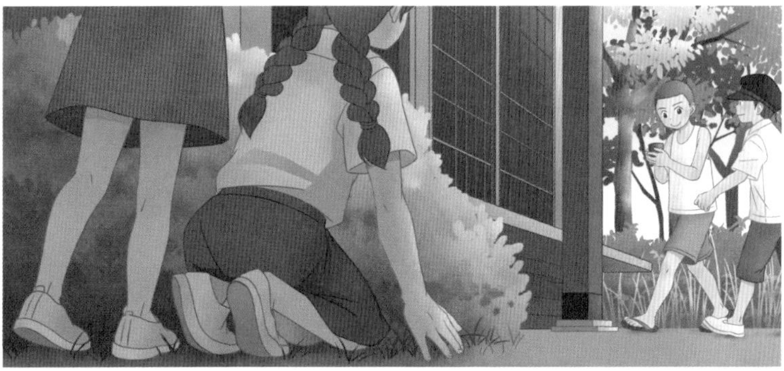

「毎朝、サブちゃんとケンちゃんは、神社のどこかにミルクをかくしておいてくれました。姉とわたしはいつも、そのようすを木のかげから見ていました。この青いガラスのコップは、そのときミルクを運ぶために使ったものなのよ」

毎日、ミルクを飲んだおかげで、子ネコはすっかり元気になりました。その子ネコが、写真でサクラさんにだかれていたスモモなのです。

「たった一杯のミルク。小さな命をつないだミルク。わたしと姉には、なによりも貴重なものでした。青いガラスのコップは、サブちゃんやケンちゃんの手の中で、まるで宝石のように輝いて見えました。サブちゃんとケンちゃん。今はどうしていらっしゃるのかしら……」

　リツから話を聞いた町内会長さんは、「なんてすてきな話でしょう」と、ひとしきり泣いたあと、涙をふきながら言いました。

「わたくし、町内会長の名にかけて、サブちゃんさんとケンちゃんさんを探してみせます！」

陽だまりのテラスで 5

「じいちゃんは、サクラさんのこと、知らなかったの？」

ユウが聞くと、じいちゃんは答えました。

「わたしたちがここに来たのは、ずっと後のことだからね」

「食糧難の時代に、サブちゃんとケンちゃんは、どうやって牛乳を手に入れたんだろう？」と、リツ。

「牛乳ではなく、ヤギのミルクだと思うよ。当時、牛乳は簡単には手に入らなくなっていたし、街中でもヤギを飼っている家がけっこうあったんだ」と、じいちゃん。

「ヤギのミルクって飲めるの？　おいしい？」と、ミコ。

「えー、すごい！　飲んでみたい！」と、ナミ。

「牛乳より、ずっとあっさりとした味だったかな。あのころはおいしいと思ったけど、今はどうだろう」

と、じいちゃんは遠くを見ながら言いました。

リツの今日のふりかえり

これまで／あのとき	これから
学年が下だと、知識や能力も下だと思っていた。	学年のちがいも「ちがい」のうち。うまく活かしていこう。
謎解きで、みんなの意見や知識や経験を、うまく活かすことができた。	意見や知識や経験を、もっと言い出しやすい雰囲気をつくれないかな。

今日の教訓

奥伝　ちがいをたくみに用いるべし

　みんなのいろいろな意見や、知識や、経験を、うまく活かすことができれば、たしかにすばらしいアイデアが生まれる。でも、意見でも、知識でも、経験でも、けっこう対立することがあって、まとめていくのがむずかしいんだよね。

ユウと考えよう 8

壱 このお話で、いちばん活躍したのはだれだと思う？

ミコは暗号のカラクリに気づき、ナミはそれが手旗信号だと見ぬき、ぼくはイナリの謎を解いた……うーん、だれかな。

まとめ役のリツも地味に活躍しているよ。みんなで意見・知識・経験を出し合って、困りごとを解決したんだ。

あなたは、どう思う？　理由も教えてね。

弐 困りごとに取り組むとき、学年の上下って関係あるのかな？

うーん、困りごと引き受け隊をやっていると、リツがいちばんたよりないこともあれば、ミコがいちばんたよりになることもあるんだよね。

学年のちがいは、得意・不得意のちがいと同じようなものと考えるといいかもしれない。要はチームで助け合いながら活動することだ。

あなたは、チームワークで学年の上下って関係あると思う？　どんな場合に関係があるか／関係がないかを教えてね。

参 ララからのメッセージ

リツたちみたいに、みんなで意見・知識・経験を出し合いながら、なにかに取り組んだことはあるかな？あったら、自分のふりかえりノートに書いてみよう。

➡壱弐の答えの例は 139 ページ

ララの観察日記 8

朝7時、八幡神社の御神木の下で、サクラさんが青いガラスのコップを持って立っています。リツ、ナミ、ユウ、ミコは、少しはなれたところから見守っています。

おじいさんが二人、やって来ました。サブちゃんとケンちゃんです。サブちゃんが言いました。

「八幡神社にコップをあずけておいて、よかったよ。こうして、サクラちゃんに、また会えたんだから」

すると、ケンちゃんも言いました。

「あそこの神主さんには、秘密がばれていたんだ。ヤギのミルク集めでは、ずいぶん協力してもらったよね」

「遠い昔のことなのに、まるで昨日のことみたい」と、サクラさんは、そっと目を閉じて言いました。

サクラさんたちを見ながら、ナミが言いました。

「わたしたち、これから何年たっても、何十年たっても、ああいうふうに会えるといいな」

「会えるよ！」「会いたい！」と、ユウとミコ。

「うん、この夏のことは――」と、リツが言いかけたとき、4人にはふと、サクラさんたちの姿が、まるで自分たちのように見えたのでした。

サブちゃんが、リツたち４人を見ながら言いました。
「わたしたち、今の時代なら、あの子たちみたいな仲良し４人組だったんだろうな。あの女の子はカエデちゃんで、小さい子はサクラちゃんだ」
「おや、ネコのスモモもいるぞ」と、ケンちゃん。
「そう、リツ君はサブちゃんみたいに頭がよくて、ユウ君はケンちゃんみたいに元気なの」と、サクラさん。
３人は、青いガラスをすかして、空を見上げました。

陽だまりのテラスで

今日は、チームワークとリーダーの秘伝を、みんなでふりかえることにしました。

初伝 なにごとも まずは自分と こころえよ

初伝が、いちばん大事だと思う。チームで動いていると、つい、人のせいにしちゃうからね。

初伝のおかげで、タカシと仲間になれた。

わたしも、転校してすぐに友だちができたよ。

これは、頭領中伝にも関係していると思うんだ。

頭領中伝

頭領にふたつあり　役目の頭領　気持ちの頭領

そう。役目のリーダーはリツ。でも、残りの３人もみんなリーダーの気持ちになって考えないとね。

ネコのミミを探していたとき、全部リツにたよって、全部リツのせいにしちゃった。

リツはたよりないから、みんなで助けてあげないと。

たしかに、ぼくは、みんなに手伝ってもらわないと、なにも決められないし、なにもできない。だからこそ、みんなが納得してくれることが大事だと思ったので、頭領奥伝を書いたんだよ。

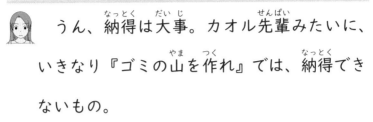

頭領奥伝　頭領は納得を生み出すべし

うん、納得は大事。カオル先輩みたいに、いきなり『ゴミの山を作れ』では、納得できないもの。

でも、チームでなにかをしていると、そのときは納得できないことも、けっこうあるよね。

そうそう、ボンダンスの名札のとき、リツの言うことはわかるけど、すぐには納得できなかった。

そういうときのために、チームワークの中伝があるんだろうね。

中伝 みなの願いを ひとりの願いの 先とせよ

みんなで、ひとつの目標を目指してがんばっている以上、納得できなくても、とりあえず我慢しないといけない場合もあると思うんだ。

でも、『ひとつの目標』というのも、意外とむずかしいよ。フットサルで、ぼくたちは町内の試合に勝てれば満足なんだけど、タカシだけはずっと『世界を目指す』とか言っていたんだよね。

世界を目指すなんて、かっこいい！

でも、チームとしては、うまくいかないんじゃない？

最近、タカシは『きみたちとは町内を目指す』と言っているから、たぶん大丈夫だろうけど……。

だから、頭領初伝にあるように、目標をどうするか、それを目指して、ひとりひとりがなにをするのかを決めるときも、『納得』は大事なんだ。

頭領初伝

頭領は　心を合わせる　道しめし

適材適所に　配すべし

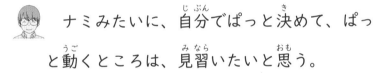

あー、最初にカレーを作ったときのことを思い出す。『みんなで作ろう！』が目標なのに、わたしは一人で作っちゃおうとしたし、ミコが甘口しか食べられないのに、『中辛を作ろう！』って言っちゃった。

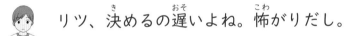

ナミみたいに、自分でぱっと決めて、ぱっと動くところは、見習いたいと思う。

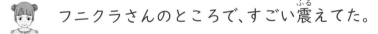

リツ、決めるの遅いよね。怖がりだし。

フニクラさんのところで、すごい震えてた。

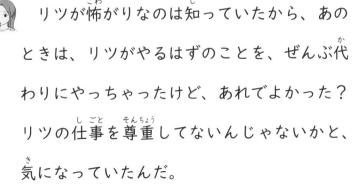

リツが怖がりなのは知っていたから、あのときは、リツがやるはずのことを、ぜんぶ代わりにやっちゃったけど、あれでよかった？リツの仕事を尊重してないんじゃないかと、気になっていたんだ。

いや、ああいう緊急事態には、その場の判断で『役目のリーダー』も代わったほうがいいと思う。話し合ったり、考えたりする時間はないからね。

ユウのじいちゃんが、『ひとりひとりに得意と不得意、長所と短所があるからこそ、かえってよいチームになる』って言っていたけれど、いろいろやってみると、その意味がよくわかるなあ。

ぼくたちひとりひとりがちがうからこそ、そのちがいを活かすこともできるんだよね。

奥伝　ちがいをたくみに用いるべし

初伝(しょでん)　なにごとも　まずは自分(じぶん)と　こころえよ

中伝(ちゅうでん)　みなの願(ねが)いを　ひとりの願(ねが)いの　先(さき)とせよ

奥伝(おくでん)　ちがいをたくみに用(もち)いるべし

頭領初伝(とうりょうしょでん)

頭領(とうりょう)は　心(こころ)を合(あ)わせる　道(みち)しめし

適材適所(てきざいてきしょ)に　配(はい)すべし

頭領中伝(とうりょうちゅうでん)

頭領(とうりょう)にふたつあり　役目(やくめ)の頭領(とうりょう)　気持(きも)ちの頭領(とうりょう)

頭領奥伝(とうりょうおくでん)

頭領(とうりょう)は納得(なっとく)を生(う)み出(だ)すべし

秋の陽だまりのテラスで

みんなが帰ったあと、ユウはじいちゃんに聞きました。

「最初に初伝を教えてもらったとき、じいちゃんは『ユウもついに』と言っていたけど、あれって、どういう意味だったの？」

「ユウが、リツ・ナミ・ミコと、いっしょに学んできたことは、これから生きていくうえで、とても大事なことだ。ユウが初伝に興味をもったので、『ああ、ついにユウも学ぶときがきたんだな』と思ったんだよ」

「ふうん」と、ユウは答えてから、じいちゃんと静かに庭をながめていました。

そのときです。ユウは急に不思議な感覚におそわれました。ユウがミコ・リツ・ナミと出会ったのは、６月の梅雨どきのこと。それから、いろいろなことがあり、いろいろなことを学びましたが、すべて、ひと夏の出来事だったのです。とても長い時間のようで、ほんの一瞬のような――まるで夢の中の出来事のように感じられます。リツ、ナミ、ミコ、町内会長さん、フニクラさん、サクラさん。あの人たちは、本当にいたのでしょうか？もしかしたら、なにもかもが夢の中の出来事だったのではないでしょうか？

ユウは不安になって、じいちゃんに声をかけました。しかし、返事がありません。

「じいちゃん？」

秋のやわらかい陽ざしのもとで、ネコでいうと16歳のじいちゃんと、人間でいうと80歳ぐらいのララは、幸せそうに眠っていました。

エピローグ

20XX年、火星移住実験計画の隊長が、全世界に向けて、先遣隊のメンバーを発表しました。

「先遣隊として、こちらの、リツとミコ、ナミとユウの４名が火星に派遣されます。彼らは火星において、さまざまなミッションをこなしながら、地球と同様の生活を送ります。困難な状況が予想されますが、抜群のチームワークで乗り切ることが期待されています」

　ここで、ミコが隊長に、なにか文句を言いました。

「あ、訂正です。こちらの４名に加え、クリスターラ4世というネコもチームの一員として参加します」

と、隊長のフニクラ・ドコダ・ソコカココサ３世は、あわてて付け加えたのでした。

参考文献：『宇宙飛行士の教科書』JAXA 井上夏彦・堂山浩太郎／監修、
Z 会グループ／編集、Space BD 株式会社／編集、
北川 達夫／翻訳（観世音　2021 年）

【ユウと考えよう】の答えの一例

❶ (P24)

壱 タカシを悪者にしていたせい。／タカシを仲間外れにしていたせい。

弐 みんなにタカシを仲間に入れるように言う。／タカシときちんと話す。

❷ (P32)

壱 ①「そのうち」っていつ？
②「だれか」ってだれ？
③本当に「言ってくれる」の？

弐 2年生たちに「ミコを仲間に入れてあげて」とたのむ。

❸ (P43)

壱 えらそうで強引な人／自分ひとりでぱっと決めて、ぱっと行動する人

弐 子ども会のリーダーを引き受ける。／これからは、自分から進んでリーダーを引き受けるようになる。

❹ (P55)

壱 ユウたちは、なんでもかんでもリツをたより、リツのせいにしていたから。リツもぜんぶ自分でなんとかしようとしていたから。

弐 みんなで意見を出し合い、相談して決めながら、ミミを探す。

❺ (P69)

壱 ナミは、時間がかかっても国旗の絵を描きたかったけれど、リツは、それでは間に合わないのでダメと言ったから。

弐「アイデアはすばらしいよ。でも、ぼくたちは、明日の6時に間に合わせないといけないんだ。つらいと思うけど、ここは、がまんしてくれないかな？」

❻ (P89)

壱 ①チームの目標、クラスのルールなど。
②夏休みの宿題計画、環境問題に対する意見など。

弐 フニクラさんと町の人が直接お話しできるようなイベントを考える。

❼ (P107)

壱 ①ゴミ山の意味が知られていなかった。／分別について指示がなかった。／リツたちの行動が反抗的に見えたから。
②先輩たちはゴミ山の意味を最初に説明すればよかったし、小学生も質問すればよかった。／リツたちは行動する前に、先輩たちに相談すればよかった。

弐 ゴミを分別して袋に入れ、その袋で山を作る。

❽ (P125)

壱「○○がいちばん活躍したと思います。なぜなら、～～から」というように答えてね。「いちばんはいません。なぜなら、みんなが活躍したからです」という答えでもいいんだよ。

弐 勉強や運動の場合は関係あるけど、それ以外はあまり関係ないと思う。／チームのリーダーは上級生のほうがいいと思う。

【執筆】
北川 達夫（きたがわ　たつお）
テスト開発技術者。星槎大学共生科学部客員教授。いろいろな国の教科書をつくっている。『99%の小学生は気づいていない!? 課題解決のヒケツ』監修。

■編集協力／津元 澄（神奈川県公立小学校統括教諭）
■イラスト／ヤマネ アヤ
■校正／ K-clip（熊谷真弓・花井佳用子）

■装丁デザイン／ tobufune
■装丁イラスト／コマツシンヤ

99%の小学生は気づいていない!?
チームワークのヒケツ

初版第1刷発行・・・2023年3月10日

著　者・・・北川達夫
発行人・・・藤井孝昭
発　行・・・Z会　　〒411－0033　静岡県三島市文教町1－9－11
【販売部門：書籍の乱丁・落丁・返品・交換・注文】TEL 055-976-9095
【書籍の内容に関するお問い合わせ】https://www.zkai.co.jp/books/contact/
【ホームページ】https://www.zkai.co.jp/books/
印刷・製本・・・日経印刷株式会社
DTP組版・・・株式会社 ムレコミュニケーションズ

ISBN978-4-86290-409-6　C8376
NDC913　140p.　21cm